# BEI GRIN MACHT SICH IHR WISSEN BEZAHLT

AF136922

- Wir veröffentlichen Ihre Hausarbeit,
  Bachelor- und Masterarbeit

- Ihr eigenes eBook und Buch -
  weltweit in allen wichtigen Shops

- Verdienen Sie an jedem Verkauf

## Jetzt bei www.GRIN.com hochladen und kostenlos publizieren

# Die wirtschaftliche Bedeutung des Modeluxus im Merkantilismus unter Ludwig XIV.

Elena Balhorn

**Bibliografische Information der Deutschen Nationalbibliothek:**

Die Deutsche Nationalbibliothek verzeichnet diese Publikation in der
Deutschen Nationalbibliografie; detaillierte bibliografische Daten sind
im Internet über http://dnb.d-nb.de abrufbar.

ISBN: 9783346575449
Dieses Buch ist auch als E-Book erhältlich.

Druck und Bindung: Books on Demand GmbH, Norderstedt Germany
Gedruckt auf säurefreiem Papier aus verantwortungsvollen Quellen

Das vorliegende Werk wurde sorgfältig erarbeitet. Dennoch
übernehmen Autoren und Verlag für die Richtigkeit von Angaben,
Hinweisen, Links und Ratschlägen sowie eventuelle Druckfehler keine
Haftung.

Das Buch bei GRIN: https://www.grin.com/document/1165784

Elena Balhorn

# Die wirtschaftliche Bedeutung des Modeluxus im Merkantilismus unter Ludwig XIV.

Lehrform: Mode- und Designgeschichte / Wissenschaftliches Arbeiten
So/Se 2019

AMD Akademie Mode & Design
Fachbereich Design der Hochschule Fresenius
Studienzentrum Düsseldorf
Studiengang: Mode- und Designmanagement (B.A.)

Abgabedatum: 02.08.2019

# Inhaltsverzeichnis

# 1. Einleitung

König Ludwig XIV. von Frankreich regierte sein Land im Stil des Absolutismus. In Hinblick dessen strebte der Monarch nicht nur für das französische Inland die Umsetzung seines absoluten Herrschaftsgedankens an, sondern beanspruchte diesen auch über seine Landesgrenzen hinaus.[1] Seine kontinentalen Machtansprüche galten sowohl territorialen Eroberungen als auch gegenüber der ökonomischen Expansion Frankreichs. Anhand der merkantilistischen Wirtschaftstheorie verfolgte der König, mit erheblicher Unterstützung seines Wirtschaftsministers Jean Baptiste Colbert, das Ziel, Frankreich zur Wirtschaftsmacht in Europa aufzurüsten.

Ziel dieser Hausarbeit ist es, am Beispiel des Modeluxus die wirtschaftliche Entwicklung Frankreichs im Zeitalter des Merkantilismus zu skizzieren. Um dessen Relevanz für die Epoche bestimmen zu können, wird zunächst die generelle Idee der merkantilistischen Wirtschaftstheorie behandelt. Es schließt sich eine Erörterung darüber an, wie der Merkantilismus den absolutistischen Regierungsstil Ludwig XIV. prägte, bevor in Abschnitt 2.3 des Königs Wirtschaftsminister Jean Baptiste Colbert sowie dessen politische Arbeit dargestellt wird. Anschließend analysiert das Kapitel 3 den Einfluss merkantilistischer Wirtschaftspraktiken auf den Produktionserfolg französischer Luxustextilien. Diesbezüglich soll im ersten Abschnitt der Ausbau des inländischen Manufakturwesens erläutert werden, daran anknüpfend erfolgt im zweiten Abschnitt eine Übersicht über die erfolgreiche Entwicklung französischer Textil-Luxusgüter.

# 2. Die Bedeutung des Merkantilismus für die Wirtschaftspolitik Ludwigs XIV.

## 2.1 Der Merkantilismus

Innerhalb Europas stellte der Merkantilismus das wirtschaftspolitische Hauptelement des 17. und 18. Jahrhundert dar. Über die Landesgrenzen hinweg unterschied er sich zwar im Sinne seiner charakteristischen Ausführung, der wirtschaftliche Grundgedanke blieb dabei jedoch stets identisch. Laut Walter waren die Merkantilisten davon überzeugt, dass die Wirtschaft unter ihren produktiven Möglichkeiten blieb und damit ihr Hauptziel, die

---

[1] Vgl. Tischer, (2017), S. 17f.

Vermögenssteigerung des jeweiligen Staates in Form von Gold-, Silber- und Münzbesitz, untergrub.[2]

Die verschiedenen Nationen, allen voran England, Frankreich, die Niederlande und Spanien, die sich im damaligen Zeitalter aufgrund von territorialen Besitzansprüchen auch regelmäßig auf dem Schlachtfeld gegenüberstanden, eröffneten mit der Zeit einen europäischen Handelskrieg.[3] Die merkantilistischen Grundsätze gaben vor, den Import von Fertigwaren drastisch zu reduzieren und andererseits den Warenexport eigener Produkte zu steigern. Zusätzlich sollten nützliche Rohstoffe vermehrt eingeführt, im Gegenzug jedoch eigens gewonnene Rohstoffe nicht ausgeführt werden.[4]

In Folge dessen wurden Handelsbeschränkungen verordnet und Zölle auferlegt, die es einerseits anderen Staaten erschweren sollten, unerwünschten Handel zu betreiben und andererseits, um die eigene Handelsbilanz im Sinne von Handelsüberschüssen aufzubessern. Zur Förderung der eigenen Warenfertigung gab der Merkantilismus vor, inländische Produktionsstätten in Form von Manufakturen zu schaffen oder bereits bestehende Handwerksbetriebe zu modernisieren.[5]

Ein weiterer wichtiger Faktor dieser Wirtschaftstheorie war es, die Bevölkerungszahl voranzutreiben, um sowohl über eine hohe Anzahl leistungsfähiger Arbeitskräfte verfügen zu können als auch um die nationale Güternachfrage zu erhöhen. Zur Umsetzung dieses Ziels kamen für die Merkantilisten verschiedene Konzepte in Frage. Zum einen sollten Ehebündnisse staatliche Förderungen erhalten, um so die Geburtenrate zu erhöhen, des Weiteren sollte Emigration verhindert, dafür jedoch Immigration begünstigt werden.[6]

Mit Hilfe der merkantilistischen Wirtschaftspolitik konnten die ausführenden Regierungen ihre Handelsaktivitäten und Umsätze zeitweise deutlich potenzieren. Zum Verhängnis dieser Wirtschaftstheorie wurde jedoch die Annahme, dass ein Handelsfluss aufrecht erhalten bleiben könnte, in dem jede Nation aggressiv Export betreiben, jedoch keine fremden Waren mehr importieren wollte.[7]

Nach Walter wurde die merkantilistische Wirtschaftspolitik schließlich aufgrund anhaltender wirtschaftstheoretischer Weiterentwicklung im Laufe des 18. Jahrhunderts durch die klassische Nationalökonomie ersetzt.[8]

---

[2] Vgl. Walter, (2011), S.38f.
[3] Vgl. Walter, (2011), S. 43
[4] Vgl. Stapelfeldt, (2006), S. 44
[5] Vgl. Stapelfeldt, (2006), S. 46f.
[6] Vgl. Walter, (2011), S. 44f.
[7] Vgl. Hermann, (2016)
[8] Vgl. Walter, (2011), S. 52

## 2.2 Der Merkantilismus im absolutistischen Zeitalter Ludwigs XIV.

Das absolutistische Zeitalter Frankreichs wurde durch dessen mächtigen König Ludwig XIV. geprägt. Im Jahre 1661 begann die Regentschaft des zu diesem Zeitpunkt erst 22-jährigen Monarchen, der aufgrund seines absoluten Regierungs- und maßlosen Lebensstils bis heute als „Sonnenkönig" bezeichnet wird.[9] Ludwig XIV. stellte nach seiner Machtübernahme die französische Regierung so um, dass alle Entscheidungsgewalt vollständig in seinen Händen lag. Er verfügte zwar weiterhin über eine Gruppe verschiedener Minister und Berater, diese sollten jedoch nur unterstützend und nicht autark ausführend zum Einsatz kommen.[10] Um seine alleinige Macht zu manifestieren, präsentierte sich der absolutistische Monarch gerne als von Gott gesandter Vertreter, wie in Abbildung 1 ersichtlich.

Abbildung 1: Charles Le Brun: König Ludwig XIV. alleinstehend, 1661.
Deckengemälde im Spiegelsaal, Schloss Versailles

Der französische König war dafür bekannt, einem äußerst ausschweifenden Lebensstil zu folgen, der seine übergeordnete Machtposition entsprechend demonstrieren sollte. Zu diesem gehörten laut Bombek neben dem Bau seines prunkvollen Wohnsitzes, dem Schloss Versailles, auch regelmäßig stattfindende exzessive Feste, zu denen der gesamte Hofstaat geladen wurde.[11] Wie in Abbildung 2 deutlich wird, verstand Ludwig XIV. sich zudem

---

[9] Vgl. Tischer, (2017), S. 12f.
[10] Vgl. Malettke, (2009), S.91
[11] Vgl. Bombek, (2005), S. 162f.

umfassend darin, seine Extravaganz mittels seiner Garderobe, welche stets aus den feinsten Materialien bestand, bestmöglich in Szene zu setzen.[12]

Abbildung 2: Henri Testellin, Porträt von Ludwig XIV, 1668.
Öl auf Leinwand. Schloss Versailles

All dies verursachte jedoch hohe Kosten, für die letztendlich die Staatskasse aufzukommen hatte. Neben der Aufrechterhaltung dieser Lebensform musste der König zudem auch ein gigantisches Heer unterhalten,[13] welches ihm dabei helfen sollte, sein Streben nach Herrschaft und totaler Dominanz, auch über die französischen Grenzen hinaus, durchzusetzen.[14]

Um seine gigantischen Ausgaben durch neue Einnahmequellen decken zu können, benötigte Ludwig XIV. die Unterstützung seines Finanzministers Jean Baptiste Colbert. Nach den Prinzipien des merkantilistischen Grundgedankens versuchte dieser, den Staatshaushalt Frankreichs zu sanieren und die Wirtschaftsleistung des Landes voranzutreiben.[15]

Die finanzielle Lage des Königreichs konnte durch die Arbeit Colberts, auf die im folgenden Abschnitt noch weiter eingegangen werden soll, zwischenzeitlich deutlich aufgebessert werden. Die anhaltende Verschwendungssucht des Königs führte jedoch dazu, dass der merkantilistische Wirtschaftsgedanke und der Versuch seiner Umsetzung den französischen Staatsbankrott langfristig jedoch nicht aufhalten konnte.[16]

---

[12] Vgl. Sieburg, (1974), S.7ff.
[13] Vgl. Malettke, (2009), S. 88
[14] Vgl. Tischer, (2017), S.76ff.
[15] Vgl. Stapelfeldt, (2006), S. 123
[16] Vgl. Sieburg, (1974), S. 12ff.

## 2.3 Der Colbertismus

Trotz der absolutistisch geprägten Regierungsform innerhalb der Herrschaftszeit Ludwigs XIV. wird auch seinem Finanz- und Wirtschaftsminister Jean Baptiste Colbert eine große Bedeutung beigemessen. Mit dem Ziel, die bereits angesprochenen enormen Ausgaben des Königs relativieren zu können, entwickelte dieser, auf Grundlage des Merkantilismus, verschiedene Wirtschaftskonzepte und versuchte sie innerhalb seiner Amtszeit zu verwirklichen. Dabei fixierte Colbert sich nach Stapelfeldt besonders auf Reformen innerhalb der Handels- und Steuerpolitik, indem beispielsweise die Steuerabgaben erhöht und Handelszölle eingeführt wurden.[17] Nach dem merkantilistischen Prinzip, den Warenexport zu steigern und im Gegenzug den Import fertiger Waren zu unterbinden, systematisierte er die Industrie und das Gewerbe in Frankreich. Der in Abbildung 3 zur Darstellung kommende Staatsmann verfolgte die Idee, Frankreichs Abhängigkeit gegenüber anderen Nationen in Bezug auf jegliche Wirtschaftsgüter einzudämmen, lediglich die Einfuhr von weiterzuverarbeitenden Rohstoffen sollte gegeben bleiben.[18]

Abbildung 3: Philippe de Champaigne, Porträt von Jean - Baptiste Colbert, undatiert, Musée des Beaux-Arts, Reims.

---

[17] Vgl. Stapelfeldt, (2006), S. 123f.
[18] Vgl. Malettke, (1977), S. 57

Dafür mussten laut Tischer die inländischen Produktionsmöglichkeiten optimiert werden, sodass Colbert sich stark für den Ausbau von Akademien und Manufakturen einsetzte. Einerseits mit der Absicht, Arbeitskräfte bestmöglich auszubilden und andererseits, um diese dann in modernen Arbeitsstätten zu installieren. Die Manufakturen sollten Waren von ausgezeichneter Qualität herstellen, sodass dadurch nicht nur die Nachfrage nach französischen Gütern im eigenen Land, sondern in ganz Europa gesteigert werden könnte.[19] Auch die Kolonialisierung, besonders im indischen und nordamerikanischen Raum, trieb der Finanzmann stark voran, vordergründig, um durch sie an seltene und hochwertige Rohstoffe zu gelangen.[20] Colberts Arbeit zeichnete sich durch extremen Fleiß, ein hohes Fachwissen und sein absolutes Pflichtbewusstsein gegenüber der Krone aus[21], dabei versuchte er, die Inhalte der merkantilen Wirtschaftspolitik so pedantisch umzusetzen, dass laut Sieburg seine Interpretation derer im Nachzug sogar den Eigennamen „Colbertismus" erhielt.[22] Während Colberts Steuerpolitik sich nicht dauerhaft verwirklichen ließ, war seine Handelspolitik dafür umso erfolgreicher. Insbesondere durch die Modernisierung nationaler Fertigungsbetriebe entwickelte Frankreich sich im 17. Jahrhundert nachhaltig zum europäischen Vorreiter in Bezug auf hochwertige Konsumgüter.[23]

Ungeachtet seiner Leistungen, die dem französischen Königreich immense Einkünfte bescherten, gelang es Colbert jedoch in seiner 22 Jahre währenden Amtszeit nicht, die Staatskasse im dauerhaften Gleichgewicht zu halten. Schuld waren die bereits erörterten, alle Staatseinnahmen noch weit übersteigenden Ausgaben König Ludwigs XIV., der sich trotz Colberts regelmäßiger Warnungen nicht darin bremsen ließ.[24]

Als Colbert schließlich aus dem Staatsdienst ausschied, war die französische Krone laut Siegburg trotz all seiner Gegenmaßnahmen hochgradig überschuldet.[25]

---

[19] Vgl. Tischer, (2017), S. 82
[20] Vgl. Stapelfeldt, (2006), S. 124
[21] Vgl. Malettke, (1977), S. 91
[22] Vgl. Sieburg, (1974), S. 15
[23] Vgl. Tischer, (2017), S. 82
[24] Vgl. Malettke, (1977), S.63f.
[25] Vgl. Sieburg, (1974), S. 67

## 3. Die Bedeutung des Merkantilismus für französische Luxustextilien

### 3.1 Der Aufbau des französischen Manufakturwesens

Mit dem Ziel, die französische Güterproduktion voranzutreiben und um neue Industriezweige aufzutun, setzte die Wirtschaftspolitik Jean Baptiste Colberts auf den Auf- und Ausbau verschiedener spezialisierter Manufakturen. Zum Erreichen der gewünschten Produktqualitäten und zur Etablierung französischer Waren auf dem europäischen Markt, erließ der französische Staatsmann strenge Fertigungsbestimmungen und regelte die Produktionsabläufe innerhalb der Manufakturen bis ins kleinste Detail. Auch für die ausreichende Kompetenz des dort eingesetzten Personals wurde mit der Zeit gesorgt, da dieses ihr Handwerk zuvor in darauf zugeschnittenen Akademien erlernen musste.[26]
Von der tatsächlichen Umsetzung dieser Vorgaben machten sich Colbert und sogar der König, wie in Abbildung 4 ersichtlich, bei Zeiten auch selbst ein Bild.

Abbildung 4: Charles Le Brun, Ludwig XIV beim Besuch der Gobelin Manufaktur, 1673. Wandteppich. Schloss Versailles

Die strengen Arbeitsbedingungen in den Manufakturen erinnerten jedoch stark an Sklaverei, obgleich Colbert Wert auf die Zahlung relativ hoher Löhne legte.[27]
Laut Wallerstein konzentrierte sich Colberts Hauptaugenmerk innerhalb seiner wirtschaftlichen Planungen auf Manufakturen, die Erzeugnisse für das Textilgewerbe

---

[26] Vgl. Malettke, (1977), S.75f.
[27] Vgl. Wallerstein, (1974), S. 105

herstellten konnten, wie beispielsweise Seidenstoffe.[28] Neben dem Vorsatz, in dieser Sparte europäischer Hauptzulieferer zu werden, wurde die Textilbranche außerdem auch auf Bestreben des Königs zum Produktionshauptfaktor, da der verschwenderische Konsum textiler Luxusgüter durch Ludwig XIV. sowie seinem Hofstaat immer zunehmender wurde. Um den Erfolg der Manufakturen zu garantieren, wurden handwerkliche Fachkräfte aus dem Ausland und somit von der direkten Konkurrenz abgeworben, oder man versuchte sogar, gleich komplette Werkstätten nach Frankreich umzusiedeln.[29] Des Weiteren investierte die französische Krone jährlich 1 Millionen Livre in den Ausbau ihrer Produktionsstätten.[30] Während Frankreich im Zeitalter Ludwig XIV. in der industriellen Expansion anderer Segmente oft glücklos blieb, gelang dem Königreich durch den manufakturellen Ausbau in Bezug auf das Textilgewerbe jedoch ein beachtlicher Erfolg.[31] Durch das neu aufgestellte Manufakturwesen war es dem Land laut Thiel nun erstmals möglich, Textilgüter als Massenprodukt herzustellen.[32]

## 3.2 Textile Luxusgüter aus Frankreich

Schon Ludwigs XIV. Vorfahren versuchten laut Bombek, das Textilgewerbe in Frankreich, insbesondere in Bezug auf luxuriöse Materialen zu ökonomisieren. Die zu dieser Zeit produzierten Gewebe konnten sich allerdings noch nicht gegen ausländische Erzeugnisse durchsetzen. Somit mussten Textilien noch lange Zeit aus dem Ausland eingeführt werden.[33] Dies änderte sich jedoch mit den wirtschaftlichen Bestrebungen Jean Baptiste Colberts. Dessen Visionen in Bezug auf das Potenzial, welches er in der französischen Textilgüterproduktion erkannte, werden an folgendem Zitat aus den Anfängen seiner Amtszeit deutlich: „ wenn Spaniens Macht das Gold Mexicos war, so haben wir das Gold im eigenen Lande, in den französischen Moden und kostbaren Samten, Seiden und Spitzen".[34] Textile Luxusgüter, welche zuvor primär in der europäischen Produktionshochburg Italien erzeugt wurden, ließen sich schließlich von Seide aus Lyon, Stickerei aus Paris[35]

[28] Vgl. Wallerstein, (1974), S. 101
[29] Vgl. Sieburg, (1974), S. 52
[30] Vgl. Malettke, (1977), S. 65
[31] Vgl. Malettke, (1977), S. 79
[32] Vgl. Thiel, (1989), S. 230
[33] Vgl. Bombek, (2005), S. 150ff.
[34] Vgl. ausführlicher Ciba Basel Nr. 35/1939, S. 1285
[35] Vgl. Bergemann, (2006), S. 36

und französischer Spitze ablösen.[36] Einen weiteren industriellen Sektor Frankreichs bildeten die Gobelin-Manufakturen, in denen die edlen Wandteppiche hergestellt wurden.[37]

Neben dem Aspekt, mit den produzierten Gütern in Europa Handel treiben zu können, musste die Luxusgüterproduktion auch für den Warenkonsum des Adels aufkommen. Besonders die Produktion von Seide, Spitze und Goldstickereien war gefragt, ausschlaggebend dafür zeichneten sich die Kleidungsvorgaben am königlichen Hofe aus, die dessen Mitgliedern, in den Abbildungen 5 und 6 ersichtlich, lediglich das Tragen dieser luxuriösen Stoffe erlaubten.[38]

Abbildung 5: Unbekannt, Bildnis einer vornehmen französischen Familie, ca. 1680. Staatliche Museen, Berlin

Abbildung 6: Nicolas de Largillière (?), Ausschnitt aus dem Gemälde „Ludwig XIV. Und seine Familie", 1708. Wallace Collection, London.

---

[36] Vgl. Thiel (1989), S. 245
[37] Vgl. Sieburg, (1997), S. 50f.
[38] Vgl. Thiel (1989), S.238

Um dem Adel die Möglichkeit zu geben, sich mit Hilfe seiner Garderobe eindeutig abgrenzen zu können, versuchte man laut Bergemann im Inland sogar, mit Hilfe von Kleiderordnungen der normalen Bevölkerung das Tragen von Seiden-und Spitzengütern zu verbieten.[39] Auf Luxusgüter spezialisierte Fachgeschäfte, stellvertretend dafür ein solches aus Abbildung 7, waren somit dem obersten Stand vorbehalten.

Abbildung 7: Stich von Jean Berain im „Mercure galant",
Modemagazin in Paris, 1678.

Ein weiteres Verbot bezog sich zudem auf alle jene Waren, die nicht in Frankreich selbst hergestellt werden konnten und somit eine Gefahr für dessen händlerische Vormachtstellung in Europa bedeuten konnten.[40] Ungeachtet dessen, dass sich diese Verbote nicht konsequent umsetzen ließen, den in- sowie auch ausländischen Erfolg der französischen Mode konnte dies nicht negativ beeinflussen. Die extravagante Kleidungsart Ludwigs XIV. sowie seines Gefolges, deren zeitliche Entwicklung in den Abbildungen 8, 9 und 10 erkennbar wird, wurde nach von Boehn in Europa schließlich so tonangebend, dass die in Frankreich kreierten Waren letztlich zur Stilprägung eines gesamten Kontinents führten.[41]

---

[39] Vgl. Bergemann, (2006), S.16
[40] Vgl. Bombek, (2005), S. 234
[41] Vgl. von Boehn, (1964), S. 140f.

Abbildung 8-10: unbekannt, Uniform des Régiment des Gardes Françaises Louis XIV, 1664.;
Kupferstich von Nicolas Arnoult, höfische Männertracht mit Allongeperücke und Justaucorps, 1687;
Kupferstich von Andreas Matthäus Wolfgang, höfische Männertracht mit Allongperücke und Justaucorps
mit Steinkerke, ca. 1700.

## 4. Schluss

Bis heute gilt Frankreich als eine der führenden Nationen innerhalb der Modeindustrie.
Dem Land steht, im Gegensatz zum Ende des 17. Jahrhunderts, gegenwärtig zwar über den
gesamten Globus verteilt wieder deutliche Konkurrenz gegenüber, große Namen wie
beispielsweise Chanel, Dior, Louis Vuitton oder Saint Laurent belegen jedoch eindrucksvoll
die französische Relevanz im Bekleidungssektor.
Diese nachhaltige Strahlkraft basiert auf merkantilen wirtschaftlichen Unternehmungen, die
auf König Ludwig XIV. sowie seinen Wirtschaftsminister Jean Baptiste Colbert
zurückzuführen sind. Indem sie den Aufbau des französischen Manufakturwesens, speziell für
die Produktion textiler Güter, hochgradig förderten, legten sie den Grundstein für die
infrastrukturelle Ausrichtung und den späteren industriellen Aufschwung des Staates.
Wenngleich sich der Merkantilismus als Wirtschaftsform grundsätzlich nicht durchsetzen
ließ, beeinflussen Teile dieser Theorie, in Form von Handelsbeschränkungen und
Exportsteigerungen, nach wie vor auch unsere aktuelle Weltwirtschaftspolitik. Angesichts des
merkantilistischen Leitgedankens, dass wirtschaftlicher Erfolg sich lediglich durch die
Unterdrückung anderer Handelsnationen herbeiführen lässt, ist der Begriff „Merkantilismus"
inzwischen allerdings eher negativ behaftet.[42]

---

[42] Vgl. Gerginov, (2019)

# Abbildungsverzeichnis

# Literaturverzeichnis

**Monografien:**

Bergemann, U. (2006): Europäische Stickereien 1650-1850: Katalog des Deutschen Textilmuseums Krefeld, Band 2. Stadt Krefeld

Boehn, M. v. (1964): Die Mode. Menschen und Moden im 17. Jahrhundert, 5. Aufl., München: Bruckmann

Bombek, M. (2005): Kleider der Vernunft. Die Vorgeschichte bürgerlicher Präsentation und Repräsentation in der Kleidung, Münster: Lit

Malettke, K. (1977): Jean Baptiste Colbert. Aufstieg im Dienste des Königs, Göttingen: Musterschmidt

Malettke, K. (2009): Ludwig XIV. von Frankreich. Leben, Politik und Leistung. 2. Aufl., Gleichen: Hansen-Schmidt

Sieburg, F. (1974): Das Geld des Königs. Eine Studie über Colbert, Stuttgart: Deutsche Verlags Anstalt

Stapelfeldt, G. (2006): Der Merkantilismus. Die Genese der Weltgesellschaft vom 16. bis zum 18. Jahrhundert, Freiburg: ça ira

Thiel, E. (1989): Geschichte des Kostüms. Die europäische Mode von den Anfängen bis zur Gegenwart, 8. Aufl., Wilhelmshaven: Noetzel

Tischer, A. (2017), Ludwig XIV, Stuttgart: Kohlhammer

Wallerstein, I. (1998): Das moderne Weltsystem II. Der Merkantilismus, Europa zwischen 1600 und 1750, Wien: Promedia

Walter, R. (2011): Wirtschaftsgeschichte. Vom Merkantilismus bis zur Gegenwart, 5. Aufl., Köln: Böhlau

**Internetquellen:**

Gerginov, D. (2019): „Merkantilismus – Definition und Erläuterung", 09. Apr. 2019, GEVESTOR.DE (https://www.gevestor.de/details/merkantilismus-definition-und-erlauterung-647397.html, Stand 26.07.2019)

Hermann, U. (2016): „Geschichte und theoretische Grundlagen des internationalen Freihandels", 08. Sept. 2016, BPB.DE (https://www.bpb.de/politik/wirtschaft/freihandel/233690/geschichte-und-theoretische-grundlagen-des-internationalen-freihandels, Stand: 28.07.2019)